AF580932

PRÁCTICA DE LA EVOLUCIÓN

Josue Heriberto Ortiz Cázares

PRÁCTICA DE LA EVOLUCIÓN

Editado por: Corporación Ígneo, S.A.C.
para su sello editorial Ediquid
José Olaya 169, Ofic. 504, Miraflores. Lima, Perú
Primera edición, febrero, 2024

ISBN: 978-612-5142-12-2
Impresión bajo demanda

Hecho el Depósito Legal en la Biblioteca Nacional del Perú N° 2024-00701
Se terminó de imprimir en febrero del 2024

www.grupoigneo.com
Correo electrónico: contacto@grupoigneo.com
Facebook: Grupo Ígneo | X: @editorialigneo | Instagram: @grupoigneo

Colección: Nuevas Voces

Dedicado a todos aquellos con los que entablé conversación al menos una vez y a todos aquellos que lograron transmitirme algo a través de sus palabras.

Tanto la portada como todas las ilustraciones presentes en este libro son obra de Erik Enrique Cuevas Anaya. Muchas gracias por tu apoyo y participación en este trabajo, sin tu inestimable ayuda no habría quedado tan bien como quedó.

Al final de cada poema vas a encontrar el número que les di al momento de escribirlos. No he publicado todos sino los que he considerado que debían publicarse.

La fecha es de cuando los terminé, teniendo para mí especial importancia ya que corresponden a momentos especiales de mi vida.

Consejos al lector (prólogo)

No juzgues el poemario
por su inicio en poesías,
disfruta de tu estadía
como lo extraordinario.
Ven, te invito a mi santuario
donde encontrarás mugrero,
pues esto es un vertedero
de versos y pensamientos
que, después de tanto intento,
no parece tan chiquero.

Aquí se encuentra mi vida
relatada verso a verso,
espero quedes inmerso,
aunque sea algo aburrida
y pueda tener caídas,
se aprende una gran lección
de esfuerzo y dedicación,
que, aunque sirve de un carajo,
pues esto no es mi trabajo:
es práctica y evolución.

69°
24 de noviembre del 2020

2013-2014

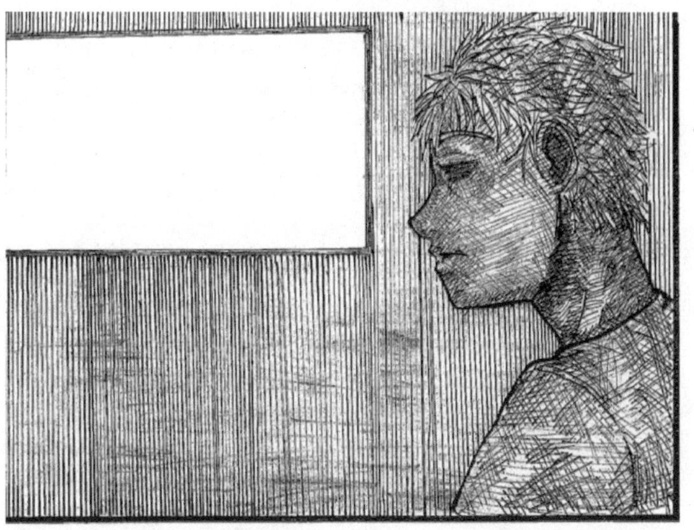

El problema

Sí, hay un problema que me acontece,
desde que amanece hasta que anochece,
y es que mi amor por ti crece
más de lo que crees, menos de lo que parece.

No, aún no te puedo olvidar, evidentemente,
y esta voz que escuchas no te miente:
Josue aún te quiere fuertemente,
más que a nada... literalmente.

Generalizando: todo el tiempo te estoy pensando,
y cuando no lo hago, es porque te estoy soñando,
aunque soy un exagerado, esta vez no estoy exagerando...
el problema es que tú a otra persona estás amando.

Sí, puedo entender que no me quieras
pero no entiendo que no entiendas que te quiero,
y, si otra oportunidad tuviera,
si se repitiera la historia, esta vez, sería más sincero.

6°

2013

Sin embargo

Podría decirte las palabras más hermosas este día,
decirte lo que te dicen todos, de una manera que no imaginas,
escribir y recitar la más bella poesía,
y sin embargo no lo haré.

Podría ser la persona más dulce y tierna del mundo,
a pesar de que para ti no fui ni el primero ni el segundo,
podría ser delicado y profundo,
y sin embargo no lo soy.

¿Por qué estás todo el tiempo, ¡siempre!, en mi mente...
presente,
desde el día que no te veo?
Dime algo: ¿no me quisiste por ser feo?,
no creas que es por tu culpa, pero en el amor ya no creo;
yo solo creo en lo que veo, por eso no creo en ti.

Más de un año ya sin verte,
pensé que me volvería fuerte.
¿Será que tengo mala suerte?,
sufrir sin recibir la muerte
es doloroso, como lo fue perderte,
a pesar de que no te tuve y no he de tenerte.

Podría desfigurarle la cara
a cualquier sujeto que se te acercara,
a cualquiera que cerca de ti pasara,
y, sin embargo, no lo hago.
Pude tratar de enamorarte,
de hacer que me quieras como quiero el arte,
pude absolutamente todo darte,
y, sin embargo, no lo hice.

Increíble que me ganó un sujeto
del que te enamoraste por deshonesto,
por tratar de ocultar todo defecto
y hacerse pasar por ser perfecto,

yo, que soy honesto,
te dije: «Algo malo detecto».
Fallido fue mi intento,
no usaste bien tu intelecto
y me dijiste con cierto acento:
«No te miento, pero amor es lo que siento».
De haber aceptado me arrepiento
mi derrota en ese momento,
y, como estrellarme con cemento,
me estrellé con la realidad:
no me quieres, es verdad,
creo que tampoco mi amistad,
por eso es que me alejé.

Pudiste haber sido mejor conmigo,
no traumatizarme con «mejor amigo»,
y no estaría aquí, diciendo lo que digo,
y sin embargo no lo hiciste.

Pudiste ser más delicada en la despedida,
podrías volver y alegrarme la vida,
o al menos, dejarlo a él algún día,
y sin embargo no lo harás.

Pudimos no comportarnos como dos extraños,
ni dejar de hablarnos más de un año,
pudimos quedarnos como amigos de antaño
y, sin embargo, no fue así.

Un año de agonía para morir en un segundo
siento cómo me hundo
en un abismo tan profundo,
más grande que este mundo,
más grande que tú, que eras mi mundo.

Sí, las últimas veces te sentí muy fría,
yo tan cálido, aún te escribo poesía,
no quiero hacerlo, pero espero olvidarte algún día.
Y sin embargo no será así...

7°

2013

La vi...

La vi... hermosa como flor de primavera,
independientemente de que era invierno,
me hizo sentir bien, me hizo sentir en el cielo,
independientemente de que esto es el infierno...
La vi caminar por mi barrio, por el camino que tomo a diario
y no me atreví a hablarle, socializar, ni decirle cualquier
[comentario.
Solo la vi, la observaba mientras se alejaba.
Solo la vi mientras, decepcionado, varios suspiros le daba.
Solo la vi, solo una vez,
y me tiene pensando en ella,
me tiene escribiéndole a ella,
me tiene aquí, con la esperanza de volver a verla otro jueves,
de topármela por el camino que recorro a diario, por mi barrio,
y ser capaz de hablarle, socializar, decirle algún comentario,
y no solo verla pasar, no solo verla,
no solo decepcionarme de mi cobardía,
no solo llegar a mi casa a escribir poesía
como excusa para calmar mi mente,
calmarla, apaciguarla, para que deje de atacarme con las
[preguntas que odio hacerme:
¿por qué no le hablaste?, ¿por qué la dejaste ir?, ¿por qué no
[la alcanzaste?,
¿por qué carajos te dio miedo y como un inmaduro cobarde
[te comportaste?,

¿por qué con verla una vez te conformaste?

¿Por qué?... Maldito cobarde.

10°

28 de abril del 2014

Sin título

No sé qué me pasa últimamente,
he comenzado varias poesías con eso en mente,
aunque generalmente, sintiendo algo diferente
y hoy no es la excepción, en absoluto,

sino todo lo contrario, hoy, literalmente, no sé qué me pasa,
por eso me puse a escribir,
para ver si haciéndolo lo podría descubrir.
Estoy harto de todo y me siento cansado, por hoy iré a dormir.

14°

7 de julio del 2014

Metáfora literal analógica (metafóricamente literal)

Es raro que esté escribiendo con el sol observándome
y el frío sentimiento de incertidumbre calentándome,
arropándome como una madre a un recién nacido,
como un moribundo disfrutando el recuerdo de lo vivido.

Es raro sentir que no te quiero,
dejar de amarte y no saber qué es el amor verdadero,
como si de mi mente se hubiese esfumado, alejado, desaparecido,
como un moribundo que odia el recuerdo de lo vivido.

Es raro no tener una musa a quien escribirle mis poesías,
y te sigo escribiendo a ti, más que nada por cobardía
a encontrar una nueva musa, porque tú ya estás en mi pasado,
como un perro que no se escapa por creer que aún está atado.

Es raro que te escriba y se me vaya la inspiración,
pero no quiero dejar de escribirte, ¡vaya contradicción!,
es decir, es raro ya no amar a quien siempre he amado,
como un perro que quiere escapar, pero no puede al estar atado.

Es raro ya no sentirme prisionero de tu sonrisa,
de tu mirada, de tu enojo, de tu ira, de tu risa.
Es raro estar escribiendo sin emoción alguna.
Es raro estar escribiendo y que no me observe la luna.

18°

7 de septiembre del 2014

2016-2017

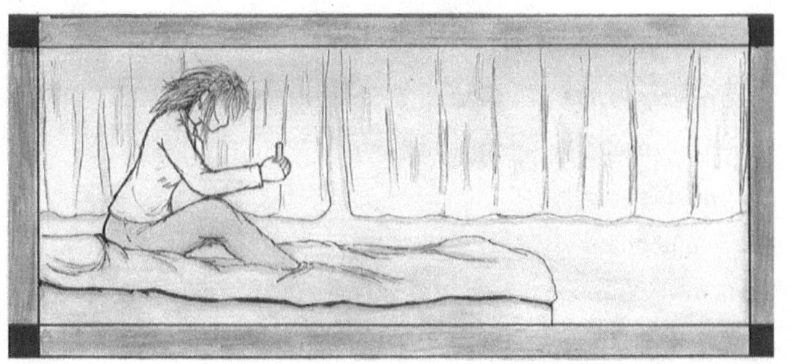

Cansado

Cansancio.
¿De qué? ¿A qué? ¿Por qué?...
Me veo cansado de siempre lo mismo…
¿Lo mismo?
Hace mucho no vivo
cada día igual,
y lo vivo igual
porque siempre lo vivo diferente,
pero haciendo lo mismo:
nada.
Hago nada, diariamente,
aprovecho de mala manera mi intelecto,
soy el rey de la vagancia, es un defecto.
¿Vivo en tu pasado o solo en mi presente?
No hago nada. Pienso en todo
y hago nada, haciéndolo a mi modo.
De nuevo el pareado predecible de mi constante presente,
de nuevo fracasando en hacer un texto decente.
Cansado
me siento,
activo
me levanto
y me hace sentir
agotamiento.
Cansado
vivo,
activo
muero

y la muerte es el descanso

y descansar, es lo que quiero.

33°

26 de mayo del 2016

Caos

Paz
quietud
tranquilidad
silencio

más
actitud,
equidad
sentencio.

Existo
vivo
pienso
me confundo

he visto
depresivo
indefenso
al mundo.

No conozco
la bondad
en pureza
extrema

reconozco
maldad
espesa
es problema.

Nada fuera
pez pequeño
de tu estanque
mental

yo quisiera
cumplir mi sueño
en un arranque
eternal.

Limpiar
el planeta
de tanto
desinterés maldito

llegar
a la meta
sin llanto,
ahora insisto:

llorar
no sirve
no alivia
ten calma

amar
sobrevive
aviva
el alma.

Cambio
necesario
para bien
colectivo

sabio
revolucionario
es quien
es positivo.

No niegues
realidad,
existe
y se manifiesta

no ciegues
la crueldad
que viste
su respuesta.

No seas
como todos,
sin ser
diferente

para que veas
el modo
de convencer
a tu mente…

Del mal
que abunda
en todas
partes

arma ancestral
desenfunda,
creador de odas
y bellas artes.

¿Hay propósito
sobre la vida
que vives
a diario?,

sé insólito
ante la herida
que esgrime
el solitario.

El mal
no es conjunto
es uno
ante la gente

existencial
me pregunto:
¿cómo reúno
las mentes?...

Para liberar
ataduras
que perjudican
pensamientos

debemos acabar
con las dudas
que complican
sentimientos.

34°

10 de junio del 2016

Madurar

Creo, aunque no estoy seguro,
que mi vida siempre ha girado
en torno a la escritura. Absurdo,
pues siempre he sido un fracaso.

He ido mejorando, es obvio, supongo,
pero sigo sin ser bueno, y me frustra.
Mi mente se vacía cuando a escribir me pongo
y mi forma de pensar a la de escribir se ajusta.

Recuerdo que, por eso del dos mil trece,
me propuse a escribir todas las noches,
me comprometí a algo que, aunque me pese,
no cumplí ni siquiera a la siguiente noche.

Escribir es difícil, aunque no es complicado
pero no tengo motivo para hacerlo hoy en día.
No hay nada qué decir, que no haya ya explicado,
y tanto tema que hay que merece una poesía.

En realidad, el motivo es simple,
lo he dicho muchas veces:
de talento antes me inflé
pero murió en el dos mil quince.

No tengo talento para decir lo que quiero
como quiero decirlo y por eso no lo digo.
No quiero ya decir que por alguien me muero
o que el papel que malgasto es mi más grande amigo.

Quiero hablar del mundo, de todo lo que me rodea.
Quiero inspirar a la gente, como aquellos poetas de antes.
Quiero poder expresar aquello que mis ojos vean.
Quiero poder escribir verdaderos temas interesantes.

¿A quién le importa mi vida?, probablemente ni a mí mismo,
ni a mi madre, ni a mi padre, ni a mi perro llamado Toribio.
En serio quiero plasmar mi verdadero idealismo,
y no solo la mierda habitual de seudodesequilibrio.

Es todo por hoy. Si continúo, será más de lo de siempre.
Espero cambiar de hábito en un próximo futuro.
Lo próximo que escriba espero que sea diferente,
para ser más concreto, que sea algo maduro.

35°

22 de junio del 2016

Cosas que puedes encontrar en la playa

La playa puede ser un lugar hermoso,
depende los ojos con los que sea vista.
Puede ser un lugar tranquilo y armonioso,
mientras el caos y la destrucción no la vistan.

Se pueden encontrar infinidad de cosas en la playa:
gente tranquila, gente divertida, gente gandaya.

Puedes encontrar paz interior autodestructiva
o perros corriendo en ella, sin nada mejor que hacer.
Diversión, aburrimiento, hambre y buena comida;
dulzuras suculentas o saladas, cuerpos de mujer.

Gente con prisa o en pausa, descansando de todo,
monumentos altos, vistosos, coloridos o de lodo.

Un lugar amplio donde caminar por la periferia.
Encontrarás amaneceres, atardeceres y lunas,
personas descansadas y exaltadas o sin energías,
negocios, ladrones, desgracias y fortunas.

Encuentras luces, sombras, nubes y caramelos,
trajes, corbatas, bikinis, sandalias, tacones y velos.

Personas locas, gente cuerda, sogas, agua y sal,
calor o frío, dependiendo en que época se visite.
Puedes encontrar respuestas o una duda existencial.
Encuentras llanto o alguna persona contando chistes.

Valentía, temor, alguien dando su primer beso,
borrachos, alcohol, alguien evitando el exceso.

Puedes encontrar la paz, encontrarte, conocerte.
Se puede encontrar, incluso, el amor verdadero,
vientos violentos, momentos contentos, buena suerte,
personas afortunadas también han encontrado dinero...

Pensándolo bien, la playa no es tan especial como pueda contarte;
todo lo mencionado, se encuentra (posiblemente) en todas partes.

37°

11 de agosto del 2016

Belleza y dolor

¡Qué bello es nuestro azul cielo!,
y el corazón que hoy sí vibre,
y también el tiempo libre
donde sueño con anhelo,
en el que crezco sin celo,
sin angustia, odio o rencor,
solo mi tristeza y amor;
es belleza emocional,
belleza abstracta y eternal
que me hace sentir dolor.

Me duele sabernos presos
de este mundo artificial,
prisión frívola y mental
de huecas mentes sin sesos,
corazones fríos, tiesos
tienen en el interior
por ver siempre lo peor
me inunda una gran tristeza,
e ignoramos la belleza
que está a nuestro alrededor.

38°
13 de octubre del 2016

Miedo

La observo en esa pared.
Me mira raro, de frente.
Pregunto: «¿Quién es usted?,
¿por qué llega de repente?»

«Solo viene a torturarme
con esa dulce mirada»,
pienso, tratando calmarme,
pero no responde nada.

Nos miramos diez segundos
hasta que me quiso hablar:
«Soy tu miedo más profundo»,
dijo sin titubear.

«¿Tú, mi miedo?, ¿el más profundo?»,
me convencí a preguntar.
«Sí, y soy el más grande del mundo»,
dijo casi sin pensar.

«Por favor, dime tu nombre,
pero no hables falsedad,
que a nada le teme este hombre,
no temo ni a la maldad».

«Te diré cómo me llaman,
lo haré con honestidad.
Tú me temes, nadie me ama,
pues mi nombre es Soledad».

24°/39°

Versión original: 2014. 13 de octubre del 2016

Actualización: 26 de octubre del 2020

Impotencia

Odio el hecho de que el mundo siga girando,
que sea tan grande y nosotros indiferentes.
No nos importa el sufrimiento ajeno, ni cuando
le pasa al desgraciado que tenemos enfrente.

A veces, no nos importa ni lo que le pase a un amigo
solo porque llevamos más de un año sin hablar.
Ser víctima de la maldad no es el peor castigo,
sino la impotencia de no poderla erradicar.

«Es más la gente buena, es más la gente noble»,
decía mi sabio abuelo, que en paz descanse.
Entonces, ¿por qué siento que los malos son el doble
y por qué el miedo logra que me arremanse?

No es más la gente buena, es solo una idea optimista,
es más la gente neutra, aquellos que no hacemos nada.
No hay héroes, hay villanos y civiles que no son realistas,
aquellos que ven la maldad actuando y dejan la boca cerrada.

No los culpo, yo soy uno, cegado por la impotencia,
por ideas utópicas imposibles, de un mundo lleno de paz;
siendo arrastrados por aquellos que no actúan con decencia
y que ocultan tras una máscara su triste o enojada faz.

Salgo a la calle cualquier día y está llena de gente.
Mi ciudad es insegura, un infierno terrenal:
balaceras, detonaciones, persecuciones constantemente,
en mi ciudad ya es considerado algo habitual.

Aun así, la gente sale, como si no fueran sedentarios,
como si fuera peor el encierro que la muerte,
creen que son inmunes y, con la gente que muere a diario,
no tenemos idea de que tenemos mucha suerte.

Cadáveres por doquier, cuerpos deformados,
autos a toda prisa, gente con miedo gritando,
gobierno que nos miente, medios mal informados,
pero a ti te importa una mierda, el mundo sigue girando.

40°

19 de mayo del 2017

Insano

Hoy desperté más pensativo,
más suicida, menos coherente,
pero entre menos coherente sea,
creo que soy más inteligente.

Hoy desperté más idiota,
más triste, menos realista,
pero entre menos realista sea,
creo que más se nubla mi vista.

Hoy no veo futuro de ningún presente,
hoy no me veo de viejo calvo y sin dientes,
hoy veo mi muerte joven y sangrienta,
llegando de imprevisto antes de los treinta.
Mi sangre ya no fluye como río de poesía,
ya no es tinta seca lo que repaso cada día.
Hace meses ya no salgo, hace meses ya no tomo,
hace años ya no fumo, pero aún me sigue gustando,
hace siglos no consumo brebaje de vida eterna,
hace tanto estoy sin tinta que me tienta con su llanto,
desde que se fue curando, esta pobre mente enferma.

41°
27 de septiembre del 2017

2019

12 horas

Ya tengo rango de ingeniero, mas no poseo título.
No sé cuánto me falta de vida para cambiar de capítulo,
o si podré cambiar, salir de este monótono círculo
en el que paso el día pensando que solo hago el ridículo.

¿Para qué vivir?, ¿cuál es la razón de la existencia?,
sí el día a día no me alimenta de experiencia
y me siento perro viejo carente de inteligencia
para el que su inminente muerte es su única creencia

Pero no es pretexto, porque la vida siempre sigue,
y antes de rajarme de ella prefiero que me castigue
aunque parece que lo hace, pues la desgracia me persigue
y las gracias que quieren llegarme pocas veces lo consiguen.

Aun así, cuando llegan, me siento agradecido
por dotar de razones a una vida sin sentido.
Son más buenas que malas, no me siento deprimido,
es solo que ya estoy cansado de lo poco que he vivido.

42°

18 de junio del 2019

Fuerza sobre área

Su sombra me cubre por completo.
De torres más altas he caído, aterrizando en el concreto,
mentalmente no me siento incompleto,
pero tampoco soy mejor de lo que era hace un momento.

¿Por qué me empeño en caminar con una mirada esquiva?
Tal vez la culpa sí sea mía y de mi mente negativa,
tal vez no puedo, porque mi inseguridad me desmotiva
o tal vez tengo razón y son muy altas sus expectativas.

No soy especial, ni único, no me siento diferente.
Ellos me miran hacia arriba, yo los miro de frente,
se empeñan en creer que soy el más inteligente,
cuando si me compararan sería el más incompetente.

Yo no fui un niño genio, como mi papá decía;
no fui un joven sobresaliente, como mis amigos creían;
no soy adulto intelectual, que es como todos me miran;
y no seré anciano sabio por experiencias de su vida.

Yo soy realista y neutral, no tengo complejos,
sé muy bien que no soy genio, pero tampoco soy un pendejo.
Solo soy un tipo normal, ese que se muestra en mi espejo,
que no es más listo que tú, aunque te engañe o te deje perplejo.

Claramente se nubla mi clara mente,
recientemente cuando este recién te miente.
A veces sí me creo lo que me dice la gente;
otras veces, como ahora, solo asumo que no soy diferente,

que soy una oveja más del montón,
no diferente de la raza de su generación.
Piensan que sin fallos podría cumplir cualquier misión,
y saber que eso no es cierto me hace sentir más presión.

Yo me conozco bien, tú no me conoces.
Intentan halagarme, yo solo ignoro esas voces,
viviendo igual mi vida, aunque cambie de poses,
sigo siendo prácticamente el mismo desde el dos mil doce.

Ignorando la piedra o aguantando su peso,
por sus altas expectativas que me mantienen preso
de la fuerza sobre área que me presiona en exceso.
Acabaré por decepcionarlos, es así como ejerzo.

43°

4 de julio del 2019

Pluma azul

¿Será este el final de mi existencia?
No queda nada en mi interior,
o al menos no hay presencia
igual que en el exterior,
pero aún me siento lleno,
aunque sé que me vacío,
aunque me siento pleno,
muero y no ocurre despacio.

¿Muero progresivamente o acaso soy inmortal?,
porque aún no muero y ya se divisaba mi final.
¿Me habré librado de una muerte no prematura,
aunque no haya sangre en mi interior, convirtiéndome en basura?
Solo sé que ahora soy plástico, rodeado de más plástico,
con cabeza de metal, vestido de formato clásico,
pero ¿de qué me sirve si ya casi no tengo uso?
Pero a que se extinga mi fuego interno me rehúso,
por eso he sobrevivido en perenne agonía
con la meta diaria de no claudicar en este día.

Al menos sé, que dejo un buen legado...
Y así será, aunque esto no haya terminado.

Adiós, amiga.

44°
18 de julio 2019

Irrelevante

No me atormenta el pasado
ni el silencioso eco nocturno
mintiendo en que lo he superado
y en que solo soy taciturno,

en que no cambiaría nada,
viviendo todo igual,
falacias agrandadas
como si algo pudiese cambiar.

Lo hecho, hecho está
y no se puede deshacer,
aunque sigas en la cresta
y nunca vayas a caer.

El pasado, aunque se esfume,
sucedió, aunque no recuerdas
que aunque comas loción o perfume,
la mierda siempre olerá a mierda

y la verdad será absoluta
aunque todo el mundo la niegue,
y la puta siempre será puta
y eso no justifica que le pegues,

y el pasado estará atrás
y nunca podrás cambiarlo.
Pero nunca digas jamás,
solo puedes superarlo.

Todo es percepción
y realmente nada importa,
pues juzgarán tu condición
siempre con una mente corta.

Nada importa, es sencillo,
solamente (siempre) recuerda:
aunque la pintes de amarillo
la mierda siempre será mierda.

45°
11 de octubre del 2019

Joven

He vivido casi veinticuatro años,
en ocho no has estado presente,
pero con tus enseñanzas no es extraño
que aún estés vivo en mi mente.

Sabiduría personificada,
juventud, salud y alegría.
Respondiste a la llamada
cuando aún no te correspondía.

¿Quién soy yo para quejarme,
si ni siquiera tú lo hiciste?
Te recuerdo sin deprimirme
pues sonriendo te despediste.

Aún no concibo tu partida.
A veces siento que no te has ido.
Negligencia cometida.
Una muerte sin sentido.

Tu ausencia es más notoria
cuando se necesitan consejos
o esas grandes historias
que dejaban a todos perplejos.

Eres... la mejor persona que he conocido,
y eso no va jamás a cambiar,
y no por ser un ermitaño introvertido
sino porque nadie te podrá igualar.

Alegre, sabio, sano, carismático,
no puedo recordarte enojado.
Pensarte me pone nostálgico
con miedo a dejarte olvidado.

Recuerdo cuando fuiste por mí
en una situación desesperada,
yo no sabía ni qué decir
y tú actuabas como si nada,

no sabía lo que pasaba
y me alejaste del peligro,
para mí fue otra mañana
en la que todo estuvo tranquilo.

Recuerdo también tus clases
enérgicas y precisas,
y tus características frases
que siempre provocaban risas,

la forma en la que me hablabas
y gritabas mi nombre.
La tranquilidad que emanabas
siendo siempre un superhombre.

Tu liderazgo nato
que a nadie nunca hizo menos.
Solo recuerdos gratos
tus allegados de ti tenemos.

Perdón por no escribirte antes,
sacarlo era muy complicado.
Te fuiste y debo seguir hacia adelante
es solo… que te extraño demasiado.

46°

13 de noviembre del 2019

Paciencia

La ciencia de la paz
presente en mi mente constante
es absurdo que me aturdo
ante cualquier alto parlante,
no soy culto ni me oculto
de la vista de los demás,
siendo justo no me ajusto
y siempre me siento hasta atrás.

El olvido es la única verdad certera,
que le llegará a todo en este planeta,
como le ocurrió al gran Rey Poeta
que solo recuerdas cuando abres la cartera.

Amo el canto de la vida,
aunque odie a su cantante,
solo sigo y no consigo
pensar que todo es como antes,
me atosigo, pues predigo
que la vida es un instante,
y que aunque no soy poeta ni caballero andante
solo quiero llegar lejos, aunque me falte Rocinante.

Mi postura está a la altura
de mi mente tranquila,
mi cordura es basura
si pensamientos desfilan,
mi escritura hoy procura
ser tan dura como Atila
mientras dura la amargura
de ser al que aniquilan.

47°
17 de diciembre del 2019

Sepelio

Ya hice la paz conmigo mismo,
ya me he perdonado por lanzarme al abismo,
al que me aventé previniendo un seísmo
que en el interior se convirtió en cataclismo.

No mucho qué decir.
La paz abunda en mi alma
esperando el porvenir,
siempre con la mente calma.

Lo único que me perturbaba
(y no sabía que lo hacía),
eso que tanto odiaba,
por lo que hice tantas poesías…
por fin fue enterrado.

48°

18 de diciembre del 2019

2020

Bueno

Nunca perdió la vista
pues nació sin ese don,
y nunca se sintió lista
ni con suficiente razón.

Mente clara como el lodo
y calma como huracán;
ideas brillantes como la luna
y ágiles como alacrán.

Nada hacía a su modo,
dependiente de los demás,
nacida en la fortuna
de un hogar con poca paz.

Autoestima como petróleo
que aún yace en yacimiento,
pintura blanca al óleo
sin color desde el nacimiento.

Subestimada por ella misma,
pensante existencia vana,
sin darse cuenta de su carisma:
¡cuán equivocada estaba!

Quisiera poder ayudarla,
pero sorda volvióse al crecer,
sin importar de qué sea la charla
siempre piensa en perder.

El crecimiento importante es mental
y en eso vive en un pozo,
sin saber que es flor jovial
bajo nubes de negativo acoso.

La sombra nos hace brillar
a quienes nacimos con fuego interior,
pero tu incendio no puede empezar
por palabras de un ser inferior,

que creíste eran ciertas
sin certeza ni criterio,
sin tener la boca abierta
cediendo ante el asedio,

sin defensa ante el ataque,
sin verdad ante mentiras,
provocando que se opaque
tu alegría ante su ira.

No te extingas, sol radiante,
ante la inmensidad de la galaxia
que alimentas con tu talante
que nutres con tu gracia.

Date cuenta de que el mundo gira
y tú perteneces a la tierra.
No creas las mentiras
que en el subsuelo te entierran.

Piensa que nada importa
y no es algo equivocado.
Pero tú eres importante,
aunque no te hayas enterado.

49°
13 de febrero del 2020

Sin cuenta

Anósmico de oportunidades
ante instantes errantes,
descontador de cualidades
mentales y sus variantes.

Nunca he conocido a alguien de mi calibre,
que sea consciente, con cociente y nunca se le cierre el mundo.
No me refiero a inteligencia, hablo de una mente libre
aunque viva preso en el infierno más profundo.

Con fuerza de voluntad,
voluntario ante la farsa
sin ganar enemistad
de esa amistad falsa.

Tal vez nada sea cierto,
solo es mi mente lenta
o tal vez que aún no despierto
y solo no me he dado cuenta.

50°

24 de febrero del 2020

Tirado

¿Ocho años de soledad?
¿La cuenta continúa?
¿No era hasta la eternidad
la amistad que no perdura?

No lo digo con frialdad,
mi mentalidad puntúa
que aunque no sea de verdad
la mentira me fluctúa.

¿Le fallo a mi promesa?
Luego prometo de nuevo,
luego le fallo de nuevo,
luego todo empieza de nuevo,
pero nada se repite.
El hielo no se derrite.

Siempre fuiste buena,
al menos no te conozco mala,
aunque puede que lo seas,
como una mortal bala,
o firme como roca,
o libre, como preso con alas,
siempre me asombró tu boca,
¿o era tu mente calma
(que acierta siempre que la mía se equivoca)?

No recuerdo cómo eres,
recuerdo cómo era contigo.
Ya no sé lo que prefieres,
no lo digo como castigo.

Tu amabilidad perenne
sigue constante en tu persona,
y aunque ya no me concierne,
¿tu tristeza te aprisiona?

¿Eres solitaria?
¿Te consideras triste?
Solo sé que ante tu chiste
se destrona mi desgracia.

No sé si te extrañaba,
pero sí que extraño
los días en que charlaba
contigo sentada a mi lado.

Días como gotas,
en tormentas de un minuto
y llueve todos los días,
todos los días voy de luto.

Aunque no lo notas,
de tu amistad disfruto.
¿Soy como me conocías
o he sufrido un cambio abrupto?
Muchos años han pasado,
el mundo insistente gira.
Me he caído y levantado,
pero mi cuerpo respira.

¿Has caído en el pasado,
mientras yo no te veía?
¿Te has sabido levantar?
¿Has disfrutado de la vida?

¿Has sabido ser tu misma
ante toda esa gente?
¿Aún mantienes tu carisma
que está presente en mi mente?

Si tuviera que definirte
hoy en día no lo haría,
porque no sé qué decirte
antes sí te conocía;

antes te hubiera definido
como una gran sonrisa
que existe y ha sobresalido
sobre los golpes que la vida le atiza.

Por mucho tiempo creí que me habías olvidado,
no sé si es correcto, o si estaba equivocado.
No sé si a ti igual, a mí no me importa el pasado.
Gracias por levantarme de donde estaba, *Tirado*.

51°

04 de marzo del 2020

Ni plomero, ni eléctrico

Lo digo sin tacto
el impacto de su insulto
siempre me deja intacto
en el acto es solo un bulto
con un cerebro abstracto
tras el pacto no me oculto
de valentía me jacto.

Soy un libro abierto, pero escrito en braille.
Soy un ser pensante, que mentiras advierto,
siempre me divierto, aunque no cante ni baile,
y aunque no soy brillante, ni me considero experto,
en poesía acierto, como en el rezo un fraile.

No soy arquitecto, pero estructuras diseño,
y cuando me empeño, mínimo queda aceptable.
Todo es cuestionable, aunque aparente ser perfecto,
porque todo tiene defecto, aunque sea pequeño.
Permíteme que te enseño una verdad inmutable:
la muerte es inevitable, seas un sol o un insecto.

52°

17 de marzo del 2020

Percepción

Circunstancia adversa
y el niño no se entera,
su vida es tan tersa
como la primavera.
Él solo conoce el juego,
pero no sabe de apuestas,
no sabe nada del riesgo,
ni de los golpes que la vida asesta.

Circunstancias complicadas
atosigan transeúntes,
sodio en las miradas
ante los despuntes
de realidades frías,
crueles como la muerte.
El tigre moría si no comía,
solo tuviste mala suerte.

53°
2 de abril del 2020

Siete doceavos

Érase una vez, en una tierra lejana,
un amigo que se ha ido,
como la luz de la mañana
en plena noche emocional,
aunque lágrimas no derrama,
aunque se sienta vacío
sin los seres a los que ama.
La soledad puede derrumbar
hasta los mejores cimientos,
y su casa es de paja
acechada por lobo hambriento.
No es un lobo solitario,
aunque en soledad aúlla.
Su mente y personalidad
evitan que de sus problemas huya,
y huir es su problema
de realidades ajenas a la suya.

El piso siempre estará a tus pies,
aunque vivas en la luna
y ella no era especial,
aunque no encuentres ninguna
sin mañanas nubladas
en esas verdes lagunas.
La realidad supera
cualquier ficción imaginable
y no quieres tener dudas,
pero todo es cuestionable.
No importa tiempo ni distancia,
nuestra amistad es interminable.
La curiosidad mató al gato
y tú no tienes nueve vidas,
no es malo experimentar,
pero toma tus medidas.
No me refiero a lo que crees
hablo de mejorar tu vida.

54°
22 de mayo del 2020

Luna y caracol

Observante de realidades
ajenas a la propia,
consciente de enfermedades
que a la población agobian,

sin hablar de las visuales
que se muestran tras la ropa,
ni de las espirituales
que se curan con las copas.

Me refiero a las mentales,
tus miedos más ocultos,
tus dudas existenciales,
sobre los ajenos mundos.

Cada mente un universo,
cada idea un nuevo sol,
pensamientos tan dispersos
como luna y caracol.

Eso es lo que soy,
es lo que siempre he sido,
eso es lo que doy,
aunque creas que me he rendido.

Lo siguiente ya lo sabes,
consejos que ya conoces:
«sé libre como las aves
y sueña cuando reposes»,

«viaja hacia el futuro,
sin voltear hacia el pasado,
aunque haya sido duro
y no lo hayas olvidado».

Nunca cambiarán las cosas
si siempre haces lo mismo.
Dulces frutas jugosas
necesita tu organismo.

Riega siempre las plantas
sin temor a echar raíces.
Disfruta la vida y canta
aunque vivas grises matices.

Restaura la capa de ozono
que destruyes en tu cielo,
y verás por qué relaciono
la confianza con el consuelo.

Cada mente un universo,
cada idea un nuevo sol,
pensamientos tan dispersos
como luna y caracol.

55°

7 de junio del 2020

Equilibrio

Queda escrito el pasado
y el presente cuando pasa.
El futuro está asustado
cuando observa la balanza.

El pasado va hacia atrás,
aunque creas que te alcanza,
y el presente va hacia enfrente,
aunque no lo hayas enfrentado.

La realidad puede ser fácilmente alterada
con la idea en mente siempre
de que aquí no pasa nada,
sin cambiar un poco, así llegue otro diciembre.

Existiendo ausente
en realidad con brío.
Aunque al llegar sea diferente,
el camino al sol es frío.

57°

31 de julio del 2020

No tan bueno

Realmente no soy consciente
de lo que atormenta tu mente.
¿Por qué te sientes impotente
o no te sientes suficiente?

Sabes que eres mucho,
conoces tus cualidades.
Me enfurezco cuando escucho
que no sirves o no vales.

Las palabras tú las dices,
yo solo las leo,
y, aunque también te contradices,
yo solo digo lo que veo,

y solo veo una persona
careciente de sombra,
que desperdicia neuronas,
por eso siempre me asombras.

Me asombra el conocerte,
ver cómo ciega duermes,
saberte que eres fuerte,
aunque te mantienes inerme.

Acepta la ayuda exterior,
más cuando viene del destino,
que te llegue algo mejor
no es un error en tu camino.

El mensaje te acicalo:
la felicidad es como un trueno
que, aunque pienses que es malo,
a veces solo es: no tan bueno.

58°
5 de agosto del 2020

Determinación

Nervios e incertidumbre
ante una tierra indómita,
bajando de la cumbre
saliendo de su órbita.

Todo inicia en una mañana
que parece más una noche,
tanto por el sueño que emana,
como por las luces de los coches.

Así viaja a su destino,
vestida poco elegante,
sin nada en el intestino
que parezca preocupante.

Aun así, se siente llena
aunque siempre estuvo vacía.
Sin temor ante la amena
calle en la que se desvía,

que es oscura como el firmamento
en una noche de eclipse,
porque sabe que su talento
no depende de un buen chiste,

ni de un escote escotado,
o una hermosa sonrisa.
Su discurso preparado
es lo único que precisa.

Esto es un nuevo comienzo,
recuerda el lejano pasado
cuando era blanco lienzo
en un mundo ya manchado:

las negativas escuchadas,
las puertas que le cerraron,
aquellas fuertes carcajadas
de los que solo la juzgaron

y las heridas recibidas
por no confiar en el correcto
serían ahora percibidas
como simples pérdidas de tiempo.

Pues cambiaría su futuro
como cambian los minutos,
su arduo trabajo duro
por fin daría sus frutos.

Por fin conseguiría
salvar lo más importante,
valiente con cobardía
por su fracaso constante.

El puesto que soñaba
al alcance de sus manos,
sonreía mientras pensaba
que el esfuerzo no fue en vano.

Y por fin sé asoma el sol
mientras a su destino arriba,
nada escapa a su control
ni los nervios que aviva,

nada puede derrumbarla
su autoestima en la exósfera,
solo habría que escucharla
como a un soprano en la ópera.

La entrevista dio inicio,
los nervios se apaciguaron,
se mantuvo un buen juicio,
pues, sin más, la contrataron.

Sale con calma y sin prisa
fingiendo tener firmeza,
con una hermosa sonrisa,
pero con ojos de tristeza.

Las lágrimas sin pena salen,
en sus mejillas encuentran cobijo
lágrimas de alegría que saben
que ahora puede alimentar a su hijo.

59°

26 de agosto del 2020

Preludio (a Determinación)

El tiempo pasa lento.
Grito seco, nudo en la garganta,
sin aliento, no corre el viento.
Se le nota en la cara, ya no aguanta.

Nadie en el mundo se lo merece,
incesante dolor penetrante.
Sufrimiento agónico padece,
hace parecer eterno el instante.

Hermosa como flor,
arrancada de raíz
sintiendo tanto dolor,
¿podrá volver a ser feliz?

¿Podrá volver a sonreír?
¿Confiará en alguien de nuevo?
Si la vida es fluir,
¿por qué fluye hacia el suelo?

¿Por qué le tocó a ella
pensar el: «¿por qué a mí?»?
No fue su culpa ser doncella,
pues no eligió nacer así.

Pero a otros no les importa,
no conocen la empatía,
pues su inocencia corta
con total alevosía.

Lágrimas y sudor
recorren su hinchado rostro.
El causante de este dolor
solo puede ser un monstruo.

No puede pensar en nada,
atrapada como preso,
con el alma devastada,
anhelando su deceso.

Ya no opone resistencia,
se ha quedado sin fuerzas,
ya no pide clemencia,
aunque aún se retuerza.

Mientras ella rompe en llanto,
se escucha una carcajada.
Nunca había sufrido tanto,
de ahí ya no recuerda nada,

hasta que despierta sola,
tirada en una esquina
a la luz de una farola,
sin saber lo que se avecina.

Le duele todo el cuerpo,
a la par se siente sucia.
¿Qué clase de enfermo
la trataría como minucia?

El tiempo sigue su paso.
Nunca se supo el culpable.
Lo peor de este caso
es que la hicieron responsable.

60°
10 de septiembre del 2020

Desgracia

Las noches lloran ácido,
por desgracia no es metáfora.
Todos se quedan plácidos,
solo beben de su ánfora.

«La jungla de concreto»
no me suena sarcástico,
por desgracia, no es secreto,
sus tsunamis son de plástico.

Suelo envenado solo es un tecnicismo.
En el cielo lejano, tampoco existe consuelo.
Extraer petróleo produce los sismos,
mientras las aves se intoxican en el vuelo.

Lo gris del firmamento
no es por culpa de las nubes,
es por todo el alimento
que luego defecan las urbes.

No salvamos nada deseando,
y no dejes que te provoque,
pero el seguir fumando
es lo que incendia los bosques.

No todo es nuestra culpa,
no lo tomes como consuelo.
Por desgracia, no hacer nada
tampoco detiene el deshielo.

61°
11 de septiembre del 2020

Sensación térmica

El sol no brilla este momento,
pero quema hasta las plantas
cuando se pisa el pavimento
o las nubes se espantan.

El viento expande el fuego
en lugar de apaciguarlo.
La ignorancia aviva el ego
y luego no puedes quitarlo.

El calor de la hoguera
conforta corazones vacíos,
el calor de la primavera
derrite hielos fríos.

Sé la primavera
de ese hielo palpitante
que congela sus quimeras
por realidades aplastantes.

La violencia quema casas,
las casas queman niños,
sabemos lo que pasa:
no los crían con cariño.

En la infancia se necesita
del calor materno,
de esa forma se evita
el calor del infierno.

No subestimes el alarde
cuando tengas mal augurio,
pues la calle está que arde
como el suelo de Mercurio.

62°
10 de octubre del 2020

ConVersación

Conversando conmigo mismo
me doy cuenta de algo:
mi mente es un seísmo
y yo en ella cabalgo.

Conversando con mi amiga
de algo me doy cuenta:
su pasado la atosiga
y tiene a su mente inquieta.

Conversando con mi abuelo
conseguía la paz;
acepto que no es consuelo
que el pasado esté atrás.

Cuando con versos converso
me doy cuenta de todo,
describo el universo
de mi propio modo.

Cuando converso contigo
no libero pensamientos,
aunque así solo consigo
ocultarte mi intelecto.

Cuando converso con mi libreta
me doy cuenta de una cosa:
da igual si no eres poeta,
la poesía es poderosa.

63°

14 de octubre del 2020

Progreso

Inicio lento,
pasado terso,
pero con sentimiento,
metiendo más de siete palabras en el mismo verso.

Tosquedad y poco tacto,
nada estilizado,
creyendo que el impacto
era decir todo rimado,

cero estructuras,
pareado predecible,
contenido basura,
fácilmente digerible.

Buenas ideas, buenas frases
(de repente),
buenos avances,
todo progresivamente.

Luego otra recaída,
otra vez inicio lento,
siempre viví una buena vida
en textos nunca miento.

Pero priorizaba la rima,
descuidaba la coherencia,
poco a poco fui aprendiendo
a corregir mis carencias.

Luego de la nada
dejé de escribir sobre lo mismo.
El existencialismo
de mi mente se apoderaba.

Aunque no rige mi vida,
no dejo a mi pasado ileso.
Esto es autocritica destructiva,
pero te hablo del progreso.

64°

15 de octubre del 2020

Soneto a Cuadros

La vida que le ha tocado a mi abuelo
no la llamaría color de rosa.
Le han sucedido demasiadas cosas,
como estrellas se observan en el cielo.

Con muchos monstruos se ha batido en duelo,
ha observado vistas maravillosas,
su persona, muy contraria a miedosa,
ha conquistado todos sus anhelos.

Duro y resistente como el acero,
brillante y alegre como cualquier día,
siendo siempre el más valiente guerrero

que cualquiera jamás conocería.
Tú si eres el mejor del mundo entero,
por eso te escribo esta poesía.

65°

25 de octubre del 2020

Encrucijada

No siempre es repentino
el desplome que suplica
acabar con tu camino
cuando la duda salpica
si vale la pena el peaje
sin conocer la travesía,
solo viendo el celaje
sobre la misteriosa vía
que conduce a lo salvaje
de un mundo civilizado
en el que no encaja el paisaje
que te habías imaginado.

66°
15 de noviembre del 2020

Línea de tiempo

Preséntame el presente
que se presenta
en tu presencia.
No me interesa tu pasado
si el futuro no te atormenta,
si tu ventana susurra gritos
y tú cierras las cortinas,
o si la luz de tu habitación
depende solo del foco.
No me interesa tu futuro
si de él quieres excluirme,
si no has hecho malabares
para ocultar tus cicatrices,
o si no has hecho cicatrices
por no hacer bien los malabares.

67°
16 de noviembre del 2020

(Des)ahogo

¿Qué puedo hacer para ayudarte
si no me cuentas tu problema?
Si solo puedo «apoyarte»
mientras veo que el fuego te quema.

Sé que algo te ocurre
y sé que no quieres abrirte,
pero así no se me ocurre
algo útil que decirte.

Y no quiero que me cuentes
nada que no quieras contar,
aunque, si no me dices lo que sientes,
no te puedo ayudar.

Todo mundo necesita
a alguien con quien desahogarse,
a quien contar las cuitas
para el alma lavarse,

y tras el baño viene el descanso
pero uno en silencio no descansa,
si estás pendiente del censo
de tus inquietudes sin balanza,

busca a alguien en quien confíes,
a quien puedas contar lo que te abruma
para que tus problemas expíes
y tu intranquilidad se consuma.

68°
21 de noviembre del 2020

Negra

Me dio mucho gusto verte.
Hace mucho no lo hacía.
Solo me siento con suerte
de que aún estemos en sintonía.

Te veías diferente,
exactamente como siempre,
agradecido de tenerte
y poder verte este diciembre.

El regalo más bonito
que recibí en este año
fue verte un ratito
y no sentir nada extraño,

actuando como si nada,
como si nos viésemos todos los días,
pero con la cara tapada
por el virus ese de porquería.

Me gustaría verte más
para poder hacerte reír,
queriendo que jamás
dejaras de existir.

Hoy es mi cumpleaños.

70°
8 de diciembre del 2020

Monarca Matusalén

I

Les voy a contar una historia
de aquel minúsculo ser
que mucho tuvo que hacer
durante su trayectoria.
A pesar de la notoria
dificultad de su empresa,
nunca perdió la cabeza
ni la esperanza en su fuerza,
de su proeza es que versa
esta historia que así empieza.

Nazco y solamente mido
más o menos un milímetro.
¿Cuál es este mundo al que entro
y de cuál he aparecido?
Todavía no he vivido
y siento que de hambre muero;
para comer nada espero
el huevo de dónde vengo
deglutiendo me mantengo
para ser un gran viajero.

Los días nuevos me premian
pues yo aún comiendo sigo
y tengo muchos amigos
devoradores de asclepias.
No todo es de color sepia,
ya no soy nada pequeño,
comiendo en crecer me empeño.
¡Esta vida no me aburre!,
pero algo raro me ocurre
y es que me siento con sueño.

Sin más, a dormir me apresto.
De comer y crecer huyo:
me convierto en un capullo
al igual que lo hace el resto,
aunque soy novato en esto,
la verdad, miedo no tengo
y de las dudas me abstengo,
aunque no sé lo que soy,
tampoco sé a dónde voy
e ignoro de dónde vengo.

Sueños extraños presencio,
¿sobre algo que he de vivir?
Pero no quiero salir
de este tranquilo silencio
en el que al fin diferencio
entre el deber y el placer.
Mi vida no era comer
porque tengo una misión
que sin mucha explicación
me dice: «Debes volver».

¿A dónde debo volver
si vengo de ningún lado?
Esa visión que he soñado:
¿por qué la debo creer?
¡Olvidar, eso es crecer
la fea visión macabra!,
y cuando el capullo se abra:
no me iré de este lugar,
me voy a quedar a jugar
sin creer esas palabras.

¿Y si llega a ser verdad
y tengo que hacer un viaje
sin ruta y sin equipaje
a fuerza de voluntad?
¿Tendré la capacidad?
¿Caeré a medio camino?
¡Ahora es que lo adivino
lo que depara el futuro!,
para salir me apresuro
y así cumplir mi destino.

Debí volverme demente
o es una broma muy mala:
¡me han brotado grandes alas!
¿O qué es esto que se siente?
¡Deja de usar ya la mente
y empieza a usar el instinto!
Tu camino no es distinto
que las otras mariposas,
¡la vida es maravillosa
por lo tanto así la pinto!

He cambiado de apariencia,
veo todo claro ahora.
Por fin ha llegado la hora
de saber si era demencia,
aunque mi vista presencia,
contrario a mi pensamiento,
un enorme movimiento
que cambia todo el paisaje.
¡La monarca emprende el viaje!
¡Faltas de arrepentimiento!

Escapo de ambientes fríos
junto con mis compañeras,
aunque esta es mi vez primera,
estoy fluyendo cual río.
Esto es un gran desafío
que parece insuperable,
aunque si hay algo remarcable
es que: ante autos que atropellan
y aires fuertes que no cesan,
nos volvemos indomables.

No sé dónde queda el norte
pero vamos hacia el sur,
no lo hacemos con glamur
pero que eso no te importe.
Que mis alas me soporten
es lo único que me importa.
¡La vida es bastante corta
para vivirla despacio!
Esto solo es el prefacio
de este viaje que desnorta.

II

Que yo sintiese cansancio
no lo habría imaginado.
El viaje solo ha empezado
y yo ya voy más despacio.
¿Por qué hui de mi palacio
buscando una nueva tierra?
¿Acaso mi especie yerra
al pensar que nuestro viaje
al infinito celaje
es diferente a una guerra?

Demasiados enemigos
existen en nuestro paso,
el tiempo nuestro es escaso
y de algo he sido testigo:
de cómo existe el castigo
en forma de aves hambrientas,
de resorteras violentas,
que aunque sean de juguete,
sin compasión arremeten
de una manera sangrienta.

Algunas pierden el rumbo
y cada una va a su ritmo,
producto de un logaritmo
al que sin opción sucumbo,
por eso es que vuelo en tumbos,
hablo de la evolución
que sirve como prisión,
de genética heredada,
cumpliendo así la llamada
de anterior generación.

Hay días que son tranquilos,
en otros nos ha llovido,
aún mucho no he vivido,
pero siempre vivo al filo
(con las monarcas desfilo)
entre la vida y la muerte.
He visto amigas inertes
pereciendo en la batalla,
por eso no me apantalla
lo que llaman «mala suerte».

No me quejo de la vida
yo solo sigo adelante
disfrutando cada instante
de esta calle sin salida.
Vuelo encima de avenidas:
viles plastas de cemento,
y cuando me siento hambriento
extraño nuestros albores,
aquí faltan muchas flores
que me sirvan de alimento.

No conozco de fronteras,
pero crucé a otro país,
siento aquí está mi raíz
o tal vez la flor entera.
¡Florecerá en primavera!
Ahí duerme mi esperanza,
nuestra migración avanza
igual que avanza el otoño
donde no nacen retoños,
a pesar de la templanza.

Mi trayecto me ha enseñado
que si vas a paso lento
se quedará en solo intento
cumplir tu sueño anhelado.
La prisa es algo cansado,
tampoco es recomendable,
o sentirás la inefable
sensación de la derrota,
mientras que por dentro brota
eso que es inevitable.

«El que persevera alcanza»,
dice el bien acomodado,
no conocen lo cansado
del vuelo cuando se avanza.
Solo se rascan la panza,
moviéndose por la arista,
su éxito capitalista
(sin insultar su trabajo)
no proviene desde abajo,
o ese es mi punto de vista.

Pero desconozco de eso,
soy solo una mariposa.
La vida es color de rosa
para el que no vive preso
o el que se mantiene ileso
de la vida y sus matices
sanando sus cicatrices
para obtener el trofeo,
solo digo lo que veo
mientras aún no aterrice.

¿De mi mente no estoy al mando?
¿De aterrizar casi es la hora?
¿Veo fuego en veladoras?
¿O es que ya estoy delirando?
¿Por dónde es que estoy pasando?
¡Hay cráneos en las mesas!,
¡incienso en nubes espesas!,
y en el piso hay muchos pétalos.
Si son regalos, acéptalos,
de la huesuda traviesa.

¿Me confunden con un alma
(con la de algún ser humano)
que visita a sus paisanos?
¡Déjenme volar en calma!
¿Mi vuelo a la fecha empalman?
Parece incluso algo cruel
confundirme con aquel
que nunca va a regresar,
yo solo quiero llegar
hasta el bosque de oyamel.

III

Resultó no ser locura,
he aterrizado en este árbol
siempre viendo el bello sol,
pauso por fin la tortura.
La tranquilidad augura
que el descanso se hace vicio.
Me atacan con sus prejuicios,
y la culpa me darán
de estar en Michoacán
y que haya lluvia en Mauricio.

Una nube se aproxima.
Huir de aquel frío fue un timo,
nos juntamos en racimos
y el invierno es pantomima.
Ya nada me desanima,
ni siquiera el cruel invierno,
pues siento mi fuego interno
rebosando de alegría,
porque a partir de este día
ya no vivo en el infierno.

¡No sé de qué estaba hablando!
Soy solo un pobre animal.
¡Maldito frío infernal,
a muchas estás matando!
¿Algo raro estoy soñando?
¿De nuevo otra mala broma?
¿Será producto del coma
en el que me veo inmerso
o es el culmen del perverso
juego de nuestro genoma?

Reposamos con cautela.
El invierno azota crudo
y yo inerme y sin escudo
resisto el viento y su estela.
El premio no me consuela
si es este gélido entorno.
¡Cuando despierte retorno
al lugar de mis inicios!
¿No estaré perdiendo el juicio
por culpa de algún trastorno?

¿Pensar un viaje de vuelta?
¿Me estaré volviendo loco?
¿El cansancio se hizo poco?
¡Tengo la vida resuelta!
¡La idea de volver suelta!
Ya no será necesario,
aprende a ser sedentario
mientras la vida se apaga,
recuerda que hagas lo que hagas
solo el tiempo es tu adversario.

Los días pasan muy rápido
(yo no me doy cuenta de ello),
me despierto por lo bello
de sentir un clima cálido,
pero siento estar escuálido
y me dispongo a buscar
algo que polinizar
en este precioso bosque
ignorando esa voz que
pide a gritos regresar.

Después de pensar bastante,
quedarme no es lo mejor,
la vida me hizo el favor
de brindarme alas gigantes.
Del cielo soy un loco amante,
y es motivo suficiente
para vivir el presente
sin pensar en el futuro.
El viaje será muy duro,
yo ya sé cómo se siente.

Percibo muchos olores,
algunos desconocidos,
aún algo no he vivido
(eso en que ayudo a las flores).
Diviso bellos fulgores,
de este instinto no me oculto,
no es necesario ser culto,
mucho menos un vidente,
para ver que lo siguiente
será solo para adultos.

La responsabilidad
es lo único que me exijo.
Ahora que tengo un hijo,
veo con serenidad
la calma y la tempestad
que a mi vida han azotado.
Sé que estaba equivocado
en negar mi instinto nómada,
querer una vida cómoda
diferente a mi pasado.

Hijo mío, te suplico
no cometas mis errores.
A tus instintos no ignores
y así no me mortifico,
pues sé que me sacrifico
en pro de las nuevas eras
aunque a mí solo me espera
el descanso permanente.
Ahora eres el siguiente,
el relevo en la carrera.

Muy lento practico el vuelo
y veo todo borroso,
muy cansado y tembloroso
zigzagueo a ras del suelo.
Ya no alcanzo a ver el cielo,
como moribundo actúo,
mis opciones evalúo,
algo falla en mi interior,
me dormiré en esa flor,
ya mañana continúo.

71°

2016. 12 de diciembre del 2020

Nada

Siempre creí que no tenía ningún miedo,
pero últimamente me asusta la realidad.
No sé si me asusta el futuro
o si es solo una forma de hacer mi mente viajar,
de dudar entre lo que quiero y lo que puedo,
de cuestionar cada palabra de cada amistad.
Es ver que mi pasado no ha sido duro,
pero eso podría fácilmente cambiar.

Observar que en la vida no he logrado nada
y admirarme de mi incesante fracaso,
saber que no tengo ni una deuda pagada
y creer que el tiempo que queda es escaso

y es caso omiso al consejo ajeno
que mi pedante cerebro concede,
vistiéndose de humilde en tu terreno
mientras interpreta a conveniencia lo que sucede

y su sede está atrofiada
por tanta idea maligna
que emiten constantes consignas
para seguir haciendo nada.

Nada es peor que todo
cuando se tiene una mente derrotada
por un cerebro beodo
que solo bebe la vida no preparada

y no prepara rauda
su respuesta a tu opinión
respondiendo la llamada
de su instinto simplón,

simple y digerible,
frágil y notable,
débil e invisible,
tonto y poco fiable.

Confía y hable
un poco más de su interior,
no me refiero a lo palpable
sino al muy probable desamor.
¿Desea amor a chorros
o es un ermitaño huraño,
que se comporta como un cachorro
cuando ya divisa los treinta años?

72°
30 de diciembre del 2020

25

Vivo dos horas en el pasado,
creí que eran las diez.
¿Dos noches aquí atascado?
¿Qué te genera estrés?

Los ruidos que se escucha
que contaminan el cielo
no sé qué es lo que buscan,
¿esas luces dan consuelo?

Truenan a lo lejos
y no son truenos lo que suena.
No es queja, no me quejo
pero quería una noche amena.

No me impresiona la impresión
imprecisa que precisas,
en cualquier situación
mi actitud se divisa

nunca la oculto, no la escondo,
aunque sea reservado o no libere pensamientos,
no escarbo profundo y llego hondo
con poco esfuerzo por tanto entrenamiento.

Escribo profundo y llego a la superficie,
como la pirotecnia que se escucha en mi ciudad,
exploto en pensamientos antes que me desquicie.
Solo en este caos encuentro tranquilidad.

Y estoy tranquilo, eso es lo que me define,
puedo partir de cero pero nunca reiniciar,
hay veces que no se avanza por mucho que se camine,
realmente no creo en eso de «un nuevo comenzar».

73°

31 de diciembre del 2020

Vagando y divagando

Tercera noche deambulando entre las hojas de un cuaderno,
¿por qué me siento así, como si estuviera enfermo,
como si fuera para siempre el sufrimiento eterno?
Pero realmente no sufro, ¿por qué no solo duermo?

No me siento solo, aun sabiéndome solitario,
¿los demás se sienten solos cuando no estoy a su lado?
No me creo importante, soy solo un tipo ordinario
que no sabe si ama, no sabe si es amado.

Ya no sé si disfruto la vida,
no sé lo que se siente no estar vivo,
me atormentan mis opiniones divididas
que me limitan a decir que me encuentro *pensativo*.

Nada tiene sentido,
son pensamientos peligrosos,
no me siento deprimido,
no vivo dentro de un pozo.

He dañado a los que quiero
con mis malas actitudes;
cuando quiera ser sincero
ya estarán en ataúdes.

Hice llorar a mi hermana,
a mis sobrinos traté mal.
La negatividad que emana
mi esencia es descomunal.

No sé disculparme
y es algo necesario,
yo no puedo perdonarme
no soy tan solidario.

Mañana será otro día
aunque amanezca muerto,
y empezaré otra travesía,
espero no naufragar en puerto.

74°

31 de diciembre del 2020

2021

Sociedad, suciedad, su ciudad

Diviso dolor en el piso
de cualquier urbe mexicana,
¿le tememos al compromiso
o es mucha la fe en el mañana?

Un mañana que no llega
si en el ayer no hiciste nada,
si solo a tus principios te apegas
cuando estos son la vida desperdiciada.

El pensamiento conformista
por tener algo que comer,
buscar el éxito capitalista
sin pensar lo que puedes hacer

para ayudar a tus compatriotas,
pues todos sufrimos lo mismo,
en la misma sociedad rota
que carece de compañerismo.

No todos somos iguales,
eso también es muy cierto;
pero a pocos bienes, muchos males
y esto es metafórico desierto.

«Roba si tienes hambre»,
pero no tengas hambre de robar,
si robas plata antes que fiambre
no te podrás alimentar.

No incito la delincuencia
pero comprendo sus situaciones,
se han sufrido muchas más carencias
por otro tipo de ladrones:

esos de saco y corbata
que viven en jaujas y castillos,
amantes del brillo y la plata,
engordadores de propios bolsillos.

No diré sus rangos ni puestos,
pero todo el mundo los conoce:
perfectos improductivos expertos
que solo se dedican al goce,

y el pueblo también lo hace,
pero con la ignorancia como virtud,
sin saber que lo bueno está a su alcance
solo con mejorar su actitud.

Hablo de cultura y conformismo,
es decir, carencia y abundancia.
Por ejemplo, carecemos de civismo
mientras abunda la intolerancia.

75°

6 de enero del 2020

Tormenta

¿Te cansa tu día a día?
¿Te harta tu existencia vacua,
en la que tu mente se vacía
como el vaso medio vacío de agua?

«La felicidad es como un trueno»,
lo escribí sin saber si era cierto.
La felicidad es sentirte pleno
porque no hay tormentas en este desierto,

es tener un lugar al que volver
aunque vengas de ninguna parte,
porque «lugar» también puede ser
todo aquello que disfrutaste.

Si el universo está en constante movimiento,
nunca has estado donde mismo.
Si tu mente está en constante crecimiento,
¿por qué no sales del abismo?

Si crece también ese pozo,
cada vez es más difícil salir de ahí
y crecerá un hueco en el torso
que te impedirá ser feliz.

La felicidad es como un trueno,
ahora lo comprendo mejor:
el trueno no despierta al pleno,
solo despierta al soñador

que sueña con ser pleno
en una noche de tormenta,
porque le asustan los truenos,
truenos que él mismo inventa.

76°

30 de enero del 2021

Telepatía

Qué fácil sería la vida
si pudiese leer tu mente:
me volvería condescendiente
a tus bajadas y subidas.

No harían falta explicaciones
de tu parte a mi persona:
sabría todo lo que detona
en la explosión de tus emociones.

Sería certero mi criterio
de la importancia que represento,
pues sabría en todo momento
si soy mejor alegre o serio.

Sabría qué responder
cuando no respondo nada.
Aunque, dejando mi idea devastada,
tu mente no quiero leer...

Porque perderías tu esencia,
no podrías sorprenderme,
no podría contenerme
hasta caer en la demencia.

Aunque si fuese lo contrario,
todo sería muy diferente
que pudieses leer mi mente
como quien lee un diccionario:

buscando a tu antojo
en cualquier parte del cerebro,
dónde me construyo o me quiebro,
o ver cómo ven mis ojos.

No harían falta argumentos
que denotan como excusas
que salen cuando me acusan
de cosas que yo no siento,

de decisiones que tomé,
de palabras que he pronunciado,
sabrían si es acertado o errado
y por supuesto, su porqué.

Sabrías cuando te miento
y que soy siempre sincero.
Me contradigo, caigo y prospero,
mi mente siempre en movimiento.

Los recuerdos que atesoro,
las veces que te pienso en el día,
mis fobias y mis filias,
mi tristeza cuando no lloro;

mi falta de explicación
a hechos no trascendentales,
mis instintos animales
ignorados por evolución.

Verías que soy muy simple
aun con mis complejos,
o aquellos pensamientos viejos
de cuando era un escuincle.

Lo mucho que he cambiado,
lo poco que progreso,
lo torpe de mis sesos
cuando me encuentro animado.

Te bastarían dos minutos
para leerme completo;
aun con mi cerebro quieto
verías las riñas que disputo.

Pero terminarías por aburrirte,
ver que sería siempre lo mismo.
Al hacer en mi mente turismo
no podrías divertirte.

Aun así, no es mala idea
que pudieses leer mi mente:
podrías ser consciente
de las opciones que plantea

antes de actuar como lo hago.
Solo espero que se entienda
que, aunque diga algo que ofenda,
en mi mente era un halago.

77°
1 de febrero del 2021

Soneto de arte menor

Quiero escribir un soneto
que sea de arte menor
a falta de desamor
que me impida estar completo,

que mantiene mi ser quieto
y tranquilo mi interior.
Le devuelvo ese favor
escribiéndole un soneto.

Básicamente estoy en paz
aunque no esté relajado
o me muestre algo vivaz.

Tengo al tiempo acorralado,
como algún ave rapaz
a una serpiente en el prado.

78°

2 de febrero del 2021

Acróstico soneto

«Falacias», son eso que nubla el juicio,
en especial aquellas que tú dices.
Lo que hace que todo siempre analices
intentando descifrar lo ficticio.

Cuando logres detectar el inicio
intenta dar giro hacia otros matices,
después, si no, solo habrá cicatrices
además del inefable suplicio.

Decide relacionar tu persona
exclusivamente de gente fiel,
sintiendo cómo el dolor abandona

para siempre el interior de tu piel.
Así, cuando la fortuna detona,
zumba como una abeja ebria de miel.

79°

5 de febrero del 2021

Insomnio

¡Ya cerebro estate quieto!,
ya no le des importancia.
Aprovecha de tu estancia
en otro simple soneto,

con tu amigo el alfabeto
con quien compartes desgracias
y lo usas con elegancia
pero siempre con respeto.

Ya solo divago y vago,
escapo de mis demonios,
de sus insultos y halagos

que envenenan como amonio,
y aunque el remedio propago,
es otra noche de insomnio.

80°
6 de febrero del 2021

Todo es...

Cuando piensas que todo te sucede,
infiriendo que el mundo es tu enemigo,
reacio a razonar que no es castigo,
cuando por azar algo te sucede:

utilizas la furia del que agrede,
no viendo algo más que tu propio ombligo,
sin saber que así duele estar contigo,
tanto que hasta tú mismo retrocedes.

Acaricia la duda necesaria,
no solo te quedes con un pronóstico
como has hecho en tu vida solitaria;

intento revelarte mi diagnóstico
a través de una palabra emisaria:
la respuesta se encuentra en este acróstico.

81°

7 de febrero del 2021

Crecimiento

Juventud, divino tesoro,
tesoro desperdiciado,
pues a mi edad no valoro
el tiempo y su significado.

¿Qué es volverse viejo?,
¿qué es el tiempo y su fluir?,
solo pienso en lo complejo
que resulta el existir.

Algún anciano leerá esto
y pensará con nostalgia
en el tiempo y sus pretextos,
o en los días que creía en la magia;

en el pasar de los años,
similares a parpadeos;
en los amores de antaño
o en las etapas de flaqueo.

Observo a las personas
acorde a su edad:
ya no me impresiona
el tiempo y su crueldad.

No todos quieren crecer,
pero es algo obligatorio;
es algo que se empieza al nacer,
sea o no sea notorio

al menos físicamente,
es diferente el pensamiento,
no todos crecen de mente:
¿yo?, ¿crecí?, miento.

82°

8 de febrero del 2021

14 de febrero

Tratan de llenar el hueco vacío
ostentando amor que no se recibe,
deseando el regalo que otro exhibe,
opacando el día, su dicha y el brío.

Es la autosuficiencia un desafío
siempre que algún obsequio te incentive,
fatal si sus complejos no cohíbe
al no utilizar su libre albedrío.

Las personas derrochan su dinero
con tal de no salir con soledad,
encubriendo el falso amor verdadero,

distorsionando el amor y amistad;
así son los catorce de febrero
de aquellos que fingen felicidad.

83°

15 de febrero del 2021

Pensamientos contradictorios

Los ojos que no ven
son los ojos de tormenta
que traen miedo a los que creen
que su vida está resuelta.

Ojos que llueven a diario
no divisan el sol del cielo,
por las nubes de calvario
que decoran internos duelos.

Extrañar es humano,
pero no te aferres al pasado,
sin esperanza es en vano
el futuro que has esperado.

Contradictorios pensamientos libres
atormentan mi ser calmado:
«la esperanza de nada sirve»
y «no te aferres al pasado».

Sin esperanza no hay futuro
y su pasado ya no existe.
La felicidad procuro
no convertirla en algo triste.

Pero realmente nada importa
aunque siempre escriba algo parecido:
«el paso del tiempo soporta»
y «torres más altas han caído».

84°
20 de febrero del 2021

Árbol con métrica

Árbol
que crece
con el sol
cuando se mece
en el horizonte,
envidio tu destino:
convertir un llano monte
en un bosque de mil caminos,
ser firme ante el inclemente clima
mientras el cielo te preste energía,
saber que tu sombra muestra el carisma
que regalas al mundo en el día,
sentir el tiempo diferente,
saberse inmortal y frágil,
vivir eternamente
tan lento como ágil,
ser leño al fuego
sin perderte
y luego
muerte.

85°

21 de febrero del 2021

Geometría

Vivo dentro de un prisma,
prisma rectangular,
prisión falta de carisma
y fuerza para *extraangular*.

La soledad es mi acompañante,
quien escucha mis quejidos,
quien derrota a los gigantes
que a mí siempre me han vencido.

Veo óvalos flotando
como globos de diálogos,
¿en nubes se están formando?
Producen ruidos análogos.

En el horizonte, nube gris
igual que justo encima,
no conozco la raíz
pero sé cuál es la espina,

¿serán nubes de tormento?
Mi poesía lo desvincula,
la sensación de sufrimiento
por mi mente no circula.

En realidad estoy feliz,
pero carezco de alegría;
solo es otra bisectriz
que llega con alevosía.

No, no circulo por las calles
de la ciudad de la amargura
en la que va aquel que falle
en perder ante la locura.

No es cuestión de perspectiva,
no importa en qué ángulo sea visto:
en una figura definida,
el volumen es siempre el mismo.

86°
16 de marzo del 2021

Esperando

Oficialmente primer día,
presente en tiempo y forma.
«Parado todo el día»,
esa es la única norma.

Cielo aborregado
acompaña mi larga espera,
juntos estamos varados
a un lado de la carretera.

Solo con mi soledad
aunque eso ya es costumbre,
me siento como la humanidad
antes de descubrir la lumbre.

La cumbre es muy lejana
desde el último escalón
y estoy en un pozo que emana
mucha desesperación.

Contemplo el mundo
desde una de sus periferias,
tras lo cual concluyo:
«Ojalá me explote una arteria

como explotan granadas,
como explotan a trabajadores,
igual quejidos y quijadas
de bebés hasta adultos mayores».

Todos saben cómo funciona el globo,
nunca ha sido un misterio:
demasiada oveja y poco lobo
y nadie se lo toma en serio,

todos emiten quejas
sin razón ni fundamento,
gente que se cree compleja
y son faltos de razonamiento,

exigen sus derechos,
ignorando sus obligaciones;
porque ellos son perfectos,
los demás somos sus peones;

les falta una pizca de humildad
o por lo menos mirar a un lado;
¿creen que tienen libertad?,
todo está controlado.

No fui libre de elegir
la libertad con la que opino,
yo solo nací aquí
entre más piedra que camino.

Tú tampoco eres libre
por mucho que te disfraces;
somos ovejas de la impasible
manada de lobos voraces

que elegimos de gobernantes
o de abusivos de la ley,
y nos sentimos insignificantes
incluso ante la sombra del rey,

nos quejamos injustamente
pues realmente podemos vencer,
pero no nos informamos lo suficiente,
por eso cedemos nuestro poder.

Y somos culpables entonces
de sentirnos impotentes
ante aquellos que esbocen
mensajes sensatos o imprudentes.

87°

3 de abril del 2021

Desgracias en diez versos

Parecía buena idea,
los adultos siempre lo hacen,
aunque de mala disfracen
esa bella panacea.
La lujuria los rodea,
vive una nueva experiencia.
Infante sin inocencia,
por ahora no te estreses,
pues dentro de nueve meses
habrá una nueva existencia.

•

«Hoy todo es felicidad,
atrofiemos las cabezas
con brebajes y cervezas
en esta festividad».
Ya no ve con claridad
y oye todo cual fragor.
En estado de estupor,
conduce de vuelta a casa,
no sabe lo que amenaza.
«Pedo conduzco mejor».

•

¡Por fin se terminó el año!
Festejo con mi familia,
las pistolas son mi filia
aunque a nadie le hago daño.
Me aparto de mi rebaño
y disparo al firmamento,
mi hijo parece contento:
disparo y se le ve alegre,
sin saber que, para siempre,
detendré su crecimiento.

•

«¿Qué podría salir mal?,
lo hacen todos mis amigos.
Ya no saldrán más conmigo
si no respiro esa cal.
¡Calma! Imagina que es sal
y solo evita el exceso.
Siempre he usado bien mis sesos,
no sé ni por qué me aflijo».
Eso exactamente dijo
quien todavía está preso.

•

¿Tú conoces la imprudencia?,
se ve y no en caricatura.
Ser padre de una criatura
impregnada de inocencia;
curiosidad es su esencia
y, aunque no habla, no se calla
sin ancla en peligro encalla:
un cable sin protector
mientras que el progenitor
solo observa una pantalla.

88°

13 de abril del 2021

Espero y desespero

Mi vida se ha basado en esperar
como quien espera que se acabe la lluvia,
como quien espera aprobar
un examen para el que no estudia

y yo espero sobrevivir,
pero ¿qué espero realmente
si estoy cansado de consumir
la desilusión del presente?

Espero que llegue la noche
para decir que otro día acabó.
Esperaba no reconocer
el final cuando sucedió,

ante el inminente derroche
y despilfarre que originó
la poesía como menester,
esperaba no ser yo

quien muere esperando
como quien espera a que la lluvia apacigüe,
como quien ya no espera nada
y solo acepta lo que sigue.

El tiempo no me alcanza:
se mueve lento o no avanza.
Un guerrero no se rinde, no descansa,
y no queda nada más que la esperanza.

89°

21 de abril de 2021

Despedida

Lo primero, antes que nada:
yo me declaro inocente.
Soy la víctima viviente
de la muerte de mi amada.
Juro que nunca hubo nada
que yo amara así de fuerte,
y el ver su persona inerte
sin ser una pesadilla,
mientras lloro de rodillas,
me hace plantear mi muerte.

No podré vivir sin ella,
jamás le habría hecho daño,
la he amado más de diez años
desde que era una doncella.
Tenerla fue una epopeya
y perderla es el final.
La dirección del caudal
me dirige hacia el desastre
y yo en *shock* actué con lastre
en la escena criminal.

Llegué tarde a mi morada,
sin saberlo, entré a una escena
criminal, y una condena
acechaba desalmada.
Sin culpa y sin coartada,
sospechan de mi persona;
los vecinos de mi zona
oyeron gritos de auxilio,
de pronto mi domicilio
como una bomba detona.

No reacciono velozmente,
contemplo el cadáver rojo.
Después actúan mis ojos
que de lágrimas son fuente.
El miedo hostiga mi mente;
llega un oficial no amable,
¿me declararán culpable
de todo lo que ha pasado?,
(como un sabor no probado)
ciertamente es muy probable.

Quiero decirle una cosa,
pero a golpes soy callado.
En el piso ya tirado,
me colocan las esposas.
Justo al lado de mi esposa
que está fría como nieve.
En mis ojos aún llueve
como invierno tormentoso,
soy el principal sospechoso
a falta de heridas leves.

Mis lágrimas son fingidas,
eso dijo el detective,
la libertad me prohíben
al declararme homicida.
Me encerrarán de por vida
(la cual pronostico corta).
Mi mente y alma no soportan
esta injusta pena escrita,
por eso es que mi ser grita:
«la misión de vida aborta».

De igual forma no hay sentido
si ella no vive conmigo.
Será premio, no castigo,
encontrarla en el olvido.
Me encuentro tan decidido
como adentro hecho pedazos.
Mi vida entera repaso
ya no hay pendiente otro asunto:
al fin estaremos juntos
después de este último ocaso.

90°
3 de mayo del 2021

Amanecer nublado

Realmente no lo opaca
pero lo gris cubre el alba.
Respirar a mi ser salva,
aunque huela cual cloaca.
Este día no destaca,
todo me parece igual:
mi misma ciudad natal,
que aprisiona el sueño ajeno
y que disfraza de bueno
el ambiente criminal.

91°

4 de mayo del 2021

Liebres y zanahorias

Se alimentan de tragedias
la gente que se tortura,
más rupturas que costuras
sus vidas se tornan serias.
El amor les causa histeria
y se cuentan sus historias
de liebres y zanahorias
y todos se sienten presas,
la verdad nunca confiesan:
todo es falsedad notoria.

92°

4 de mayo del 2021

El rostro de la tristeza

El rostro de la tristeza
tiene en su haber cierto encanto:
el cómo cura con llanto
lo que por dentro nos pesa.
Es una grata sorpresa
que una lágrima abra paso
a una caricia o un abrazo,
ya sea premio o consuelo.
Cuando el llanto toca el suelo,
ya uno no está hecho pedazos.

93°

5 de mayo del 2021

Retención

Ideo con la mente matutina
formas de no pensar en los problemas,
es para eso que existen los poemas.
Siempre y cuando no se vuelvan rutina

de ser así, se convierten en ruina;
igual que un incendio, la mente queman;
cuando el barco está varado, ellos reman
y son adictivos cual cocaína.

Aun cuando todo tu mundo te falla
y te piensas débil para perderte,
como quien recién perdió la batalla;

o te sabes tan carente y sin suerte,
que solo quieres tirar la toalla:
la poesía logra retenerte.

94°

6 de mayo del 2021

Perenne actualidad

El globo con su incólume perfidia,
mundo que impreca de forma sutil;
ser extraño si se actúa gentil,
sintiendo en cada mirada la envidia.

Vivir en la ciudad de la desidia,
donde todos caminan como alfil,
con la mirada esquiva y viso hostil
mientras la incompetencia nos presidia.

Sentir que ya ni siquiera está uno harto
por saber que, aunque el cambio sí es posible,
la sociedad se encerrará en su cuarto,

permaneciendo el mal inmarcesible,
inmóvil, como víctima de infarto,
hasta convertirse en algo plausible.

95°

7 de mayo del 2021

Abstracto

¿Dónde se encuentra el error?,
¿en la insaciable esperanza?,
¿en lo lento que se avanza?,
¿o en creer en el amor?,
¿o en esperar que la flor,
sin recibir riego brote?,
¿o en llenar de más el bote
donde yace la semilla?
A oscuras por eso chilla
aunque fuerte se le note.

Pienso que la expectativa
tan alta es el problemita:
eso que la flor marchita
(aunque nunca estuvo viva).
Creer que la iniciativa
es el centro del planeta
y te sientes incompleta
cuando ves que no da el extra.
El interés se demuestra
cuando avance la saeta.

96°

9 de mayo del 2021

El lema del derrotado

Entiendo, supuestamente
su puesta mente en el tema
no llega a ser suficiente
para evadir los problemas
que atosigan a su mente,
para ese dolor no hay crema
y se expande velozmente
con TRISTEZA como lema.

97°

10 de mayo del 2021

Libertad

¿La idea de libertad
también será una mentira?,
cada que mi ser respira
lo analiza con frialdad.
¿Será negatividad
o el planeta es coincidencia?
El mundo tiene una esencia
comparable a una prisión,
solo es mi interpretación
personal de la existencia.

Me refiero a lo banal,
no hay libertad realmente;
cuando seamos conscientes,
no lo veremos tan mal.
El conformismo es real
como falso es el consuelo,
tener un cacho de suelo
para hacer nuestras cabañas,
los trucos con los que engañan
están de antes de tu abuelo.

98°

11 de mayo del 2021

Nece(si)dad

Necesito descansar:
de las rimas enigmáticas,
de las métricas lunáticas,
de rebuscadas temáticas
para no enloquecer.

Necesito asimilar:
que no tengo talento,
que no soy un portento,
que todo queda en intento
para poder crecer.

Necesito imaginar:
que no navego a la deriva,
que aunque tenga iniciativa,
mi rima destructiva,
torna la vida negativa;
solo me falta creer.

Necesito renunciar:
a la desidia y la pereza,
a la idea de mi cabeza
que nada tiene certeza
después del acto de nacer.

99°

13 de mayo del 2021

Aburrimiento

¿Qué sería de la vida
si no hubiese más problemas,
si solo hubiese un esquema,
una entrada, una salida?
Se tornaría aburrida,
igual que cualquier rutina
o un ser sin serotonina,
con su mente tautológica,
pensando en pensar con lógica
para salir de la ruina.

¿Cómo serían los días
si no existiese el dolor,
si no hubiese odio ni amor,
ni tristeza ni alegría?
Seguro me aburriría,
como el que espera cinco horas
para ver a alguien que añora
y observar que ya no existe;
convertirse en alguien triste
que ni estando a solas llora.

102°
10 de junio del 2021

Textos hueros

He escrito casi a diario
a lo largo de este mes
y casi todo lo he tachado
generándome estrés.

Nada me convence,
todo me disgusta,
mi ansia solo crece
y mis inseguridades me asustan.

Soy mejor que antes
en lo que a escritura se refiere.
¿Soy mejor que antes?,
¿a qué te refieres?

Tu métrica no impacta,
tus décimas son normales,
no sé de qué te jactas
cuando no estás en tus cabales.

Escribes tan genérico,
rimas siempre lo mismo,
te preocupas por lo estético
y eso no es lo importante.

No transmites sentimientos
porque no sientes ya nada,
inmerso en tus pensamientos
que no te llevan a nada.

No eres mejor que antes,
solo lo haces diferente,
con palabras rebuscadas
para sentirte inteligente.

Vacío estás por dentro,
de emoción eres carente,
buscándote en el centro
te perdiste para siempre…

… y no encontraste nada.

103°

28 de junio del 2021

Sin destinatario

Pensé no pensarte,
pensando que pensando
en dejar de pensarte
no me estaría engañando.

Soy el ser más consciente del planeta
y me autoengaño,
como una marioneta
que, carente de hilos se siente extraño.

¿Me autoengaño?
Me destruyo,
me hago daño
y en tristeza concluyo.

La verdad, no la quiero
ni me siento atraído
y aun así la espero
con semblante distraído.

El día está triste,
las personas felices,
sabiendo lo que perdiste
duelen más las cicatrices.

Y yo soy infeliz
aunque antes te haya mentido,
y ya sanó mi cicatriz
pero me impide el olvido.

Algo va a terminar
y no me refiero a la lluvia,
que azota mi ciudad
como una luz a la penuria,

y el faro está sin foco
y la oscuridad me hace daño,
lo mucho me parece poco,
tal vez solo la extraño.

104°

30 de junio del 2021

Bodrio

En todos lados hay poetas
y hay más poetas que poesías,
porque poeta es quien hace poesía,
pero una poesía no existe si es cautiva en su libreta.

Todo mundo escribe o *piensa* como uno,
pero se creen maestros sin saber ser alumnos;
se creen dignos pensadores a quienes rendirles pleitesía
y no son más que usuarios redundantes de la tautología.

No estoy definiendo nada.
La poesía siempre será poesía.
Mi serenidad es alterada
con la facilidad de la alegría.

Hay más escritores que lectores,
he ahí el gran problema:
el ser humano se descompone
aunque lo embalsames con crema.

105°

1 de julio del 2021

Astro rey

Sol **sol**itario **sol**uble
solo **sol**icita amabilidad,
solución el cielo nuble,
soltero **sol**apa **sol**idaridad.

Soldado **sol**loza **sol**o
soltar **sol**emne **sol**edad.
Solicitud de protocolo,
uso la tranquilidad.

Solera **sol**dada en altura,
en **sol**sticios se oyen **sol**iloquios,
sólidos **sol**feos con **sol**tura
y el astro rey ni se inmuta.

106°

1 de julio del 2021

Partida

Tiempo efímero,
eterno incomprendido,
¿quién llega primero
al pozo del olvido?

No hay nada más natural
que la certera muerte,
deslizándose en espiral
a los hombres con más suerte.

Perdiste la partida
teniendo póker de ases,
la suerte está decidida
desde el día en que naces.

¿La muerte es el descanso?,
¿es el final rotundo?,
¿o solo es otro paso
hacia algo más profundo?

No sé qué más decir,
nada salió como quería,
por todos a los que hiciste sufrir:
maldito virus de porquería.

107°

3 de julio del 2021

Quintilla de ases

En la edad de la inocencia,
en la ciudad de la tierra
(bastante antes de las guerras),
se cruzaron sus presencias.
Disfrutando de la herencia
de siglos de humanidad,
así nace su amistad
con juegos y bicicletas:
tú un artista y yo un poeta
ajenos a la maldad.

Tienen gustos parecidos
ambos eran soñadores
y ahora que son señores
no viven en el olvido.
Aunque no se ven seguido
no existen puertas cerradas,
son muy buenos camaradas,
casi hermanos, en efecto.
Me refiero, por supuesto:
al que me hizo la portada.

•

Una amiga de la infancia
(aunque no eran tan infantes),
dos años en un instante
pasaron sin elegancia.
Sin disfrutar de la estancia
posterior a la niñez,
me veía en la vejez
con nuestra amistad intacta,
pero así la vida impacta:
como un mate en ajedrez.

La amistad que fue enterrada
floreció como semilla,
como nuestro astro que brilla
con todo importando nada.
Tú no estabas derrotada
y yo vivía amargado,
tú perdonaste el pasado
y yo quería ocultarme,
tú supiste levantarme
de donde estaba, *Tirado*.
•

Un día que parecía
noche de cielo estrellado,
por producto de un buen hado,
dos hombres se conocían.
Sé que nadie pensaría
que, siendo tan diferentes
(yo sensato y tú imprudente),
seríamos tan amigos;
y ahora, como castigo,
estás más allá del puente.

Demasiadas aventuras
viven en nuestros recuerdos,
tú el más malcriado o el más cuerdo,
yo propenso a la locura.
Sé que tú vida es muy dura
y aunque eso a mí me da igual,
el mundo es circunstancial,
¿lastiman las circunstancias?,
siempre te daré las gracias
y apoyo incondicional.

•

El antónimo de malo
es la siguiente en la lista,
la que carece de vista
teniendo un inocente halo.
Su amistad es un regalo
que no siempre he aprovechado:
mucho tiempo distanciados
es como hemos existido,
pero nada se ha perdido
y yo nunca te he olvidado.

Eres una gran amiga
aunque te odie por momentos,
aun cuando no me arrepiento
de las cosas que te diga.
Es muy pesada la viga
a la que llamas amigo,
todavía no consigo
entender cómo me aguantas.
Y, cuando el frío me achanta,
tu amistad es un abrigo.

•

Tigre lomo plateado,
otro tigre solitario,
alumno universitario
gracias a quien me he graduado.
El buen profe, mi estimado,
sin duda una gran persona,
usted nunca me abandona
incluso siendo un desastre,
aunque al infierno se arrastren,
mutuamente se perdonan.

Un sentido del humor
ciertamente similar,
una forma de pensar
diferente a alrededor.
Por eso es el profesor,
por todo lo que ha enseñado,
usted mi vida ha alegrado
con sus chistes y carisma,
incluso siendo las mismas
tonterías del pasado.

109°

4 de agosto del 2021

Intentando cerrar el malestar

La vida no termina aquí.
Pero no significa que continúe
si la realidad no es así,
como esa esponjosa nube.

El final no es absoluto
ni el inicio permanente,
porque no existe soluto
si antes no existe solvente,

o tal vez será al revés,
realmente no importa
si te juzgan a través
de una mente corta,

¿o mi mente es la pequeña
por no alcanzar a percibir
las lecciones que me enseñan
la forma correcta de vivir?

Y no existe forma correcta:
la vida es una aventura
con variantes que conectan
felicidades y amarguras.

El final no es absoluto
ni el inicio permanente.
El futuro (aunque corrupto)
será siempre inclemente.

110°
21 de agosto del 2021

Intermitente constante elimina miedos

No le temo al final
aunque no recuerde el principio
ni el cauce temporal,
acabé en el fondo del precipicio.

No le temo a la mentira
ni a mi rota memoria,
pues la decepción se estira
cada que se repite la historia.

No le temo a mi ser torpe
ni a mi mente que flaquea;
no me duele en sí el golpe,
me duele por quien golpea.

No le temo a la verdad
aunque a veces la esquivo,
le temo a la maldad
que no sé si percibo.

No le temo al dolor
pero sí al daño irreparable,
no sé si es amor
este sentimiento inefable.

No sé si es absoluta
la constante intermitente
de la realidad abrupta
a la que llamo «presente».

No le temo a la soledad
ni al frío del invierno,
le temo a la seriedad
con la que me provocas duelos internos.

No le temo a tus palabras,
tal vez sí a tus intenciones,
siempre que no te abras
a explicarme tus razones.

¿Actúas por impulso?,
¿o está todo calculado?,
¿se está volviendo insulso
lo que antes era amado?

No le temo a las respuestas,
solo a hacerme las preguntas
cuando estas son inciertas
ideas como marabuntas.

No sé a qué le tengo miedo,
pero por algo estoy temblando,
solo sé que ya no puedo
seguirme maltratando.

111°

27 de agosto del 2021

Gratitud

A todos mis ayudantes
en esta loca odisea,
para todos los que crean
que no soy insignificante,
para todos los causantes
de una rima aquí presente,
para el que es inteligente
e ignora al perro que ladre,
y, claro, para mis padres
por su apoyo tan potente.

A mi familia completa
por ser luz en mi camino,
al oído cuando opino
aun sin saber del poeta,
al que me esperó en la meta
siendo una espera tardada,
al que me hizo la portada
sé que me puse exigente,
al que me sabe renuente
y me entiende con miradas.

Yo puedo relacionar
el tiempo con el dinero
y no sería el primero
en esa raya borrar,
y jamás podré pagar
al buen profe (mi estimado),
a la Bueno, a la Tirado,
al buen siete doceavos
por todos esos centavos
que sin pedirlos me han dado.

Al que aguantó todo el texto
y ha llegado hasta este punto
aun teniendo otros asuntos,
o leyendo sin pretexto
al que entiende mi contexto,
y a aquellos que den amor.
Por supuesto a mi lector
por caer en este pozo,
así fuese por curioso,
y al que aquí sintió calor.

A todas esas personas
quienes contaron mi métrica
o revisaron mi técnica,
este verso las corona.
Al que respetó mi zona
cuando me sentí abatido,
al que conmigo ha vivido
y me aguanta como soy.
Con todos ellos estoy
realmente agradecido.

100°
19 de mayo del 2021

Consejos al lector (epílogo)

No me trates diferente
después de lo que has leído
o me mostraré abatido
al halago impertinente.
Aunque vengas tan sonriente,
queriendo alegrar mi día,
diciéndome tonterías
(como si no fuese huraño)
de algo escrito hace nueve años
que ni llega a poesía.

Sí te acepto un comentario
o crítica constructiva,
pero no gastes saliva
diciendo algo estrafalario.
Porque, muy por el contrario,
no es lo que quiero escuchar,
solo quería sacar
todo el mugrero que he escrito.
Por eso te lo repito
antes de finalizar:

no me trates diferente
después de lo que has leído,
soy ese mismo distraído
que de atención es carente.
El que simple y llanamente
algún día conociste
tal vez feliz, tal vez triste
o de alguna otra manera.
Soy solo un tipo cualquiera
que de poeta se viste.

101°
31 de mayo del 2021

Índice de contenido

www.ingramcontent.com/pod-product-compliance
Lightning Source LLC
LaVergne TN
LVHW041211150826
845673LV00001B/361

* 9 7 8 6 1 2 5 1 4 2 1 2 2 *